창연
디카
시선
012

Dicapoem by **Byeon Ji Won**

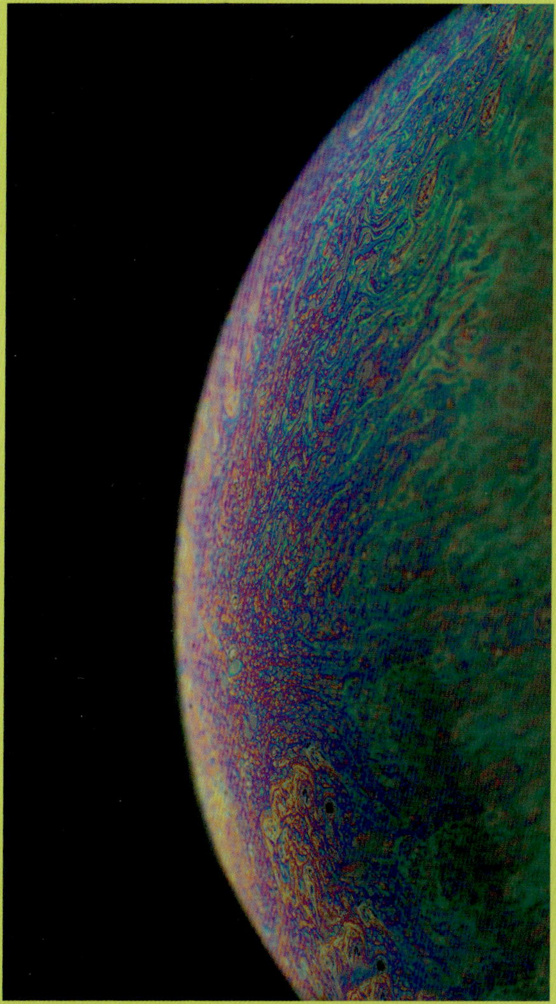

찬란한 오후

변지원 디카시집

찬란한 오후

변지원 디카시집

창연

작가의 말

울 안 화분 하나에도 눈길 주기 바쁘던 시절
자연을 접하며 다니던 시간이 있었다.
치유와 회복이 필요한 마음속에
아름다운 정원이 되어 들어앉던 산야는
화평과 희락으로 가득한 은혜의 세상, 빛의 세상이었다.

카메라를 들기 시작했고 글쓰기도 시작했다.
눈길 닿는 무엇이든지 사진이 되고
마음결 닿는 무엇이든지 노래가 되었다.

자연과 일상의 흔적으로 채우고
은혜와 사랑으로 가꾸던 혼자만의 정원이
어느덧 무성해지더니 공감과 나눔을 꿈꾸게 되었다.
소박한 텃밭이어도 좋고 길가 꽃밭이 되어도 좋겠다.
후미진 곳 풀밭이면 어떠랴, 그저 감사하다.

나의 사랑 나의 은혜, 마음속의 세상이
밖으로 나올 수 있도록 용기를 주신 벗들과
빛으로 동행하신 하나님께 깊은 감사를 드린다.

2022년 9월 30일
변지원 시인

차례

작가의 말   4

1부_속마음

갈망	11
나그네	12
일편단심	14
출산	15
Bubble Earth	16
부부	18
속마음	19
모성	20
번민	22
저 높은 곳을 향하여	24
추억 우체국	26
만남	28
노아의 방주	30
일탈	31
중년 진입로	32
고난	34
고난·2	35
마로니에 열매	36
보상	37
폭염 땡볕	38
인생	40

2부_상봉

외사랑	43
문제아	44
기다림	45
어머니	46
본향	48
봄처녀	49
상봉	50
여름꽃	52
별세	53
마지막 잎새	54
빈자리	56
백조의 독백	57
애상	58
추억 소환	59
체면	60
합일合一	62
치유	63
황천 이정표	64
졸혼卒婚	66
응원	68

3부_개화

내 사랑 선샤인	71
공평한 은혜	72
상흔	74
친목 공동체	75
별리別離	76
열린 문으로	78
미련	79
가족	80
가족·2	81
개화開花	82
존재 가치	83
오래된 연인	84
배려	85
정화	86
가을 산책	88
파수꾼	90
자기성찰	92
사랑	93
상흔 6·25	94
호기심	96

4부_세대차이

설화	99
위드 가디언	100
유배	102
너무 먼 그대	103
너의 말이 들리는 듯	104
천성을 향하여	106
발걸음 인도하사	107
대물림	108
홀로움	109
가을 해바라기	110
단풍 절정	111
미녀와 야수	112
모임제한	113
기다림·2	114
천성	115
불통不通	116
휴休	118
세대차이	120
은혜	122
Shall we dance	123

1부
속마음

갈망

뿌리를 내리고도
가슴에 품고도
타는 갈증
그대 향한 열망

나그네

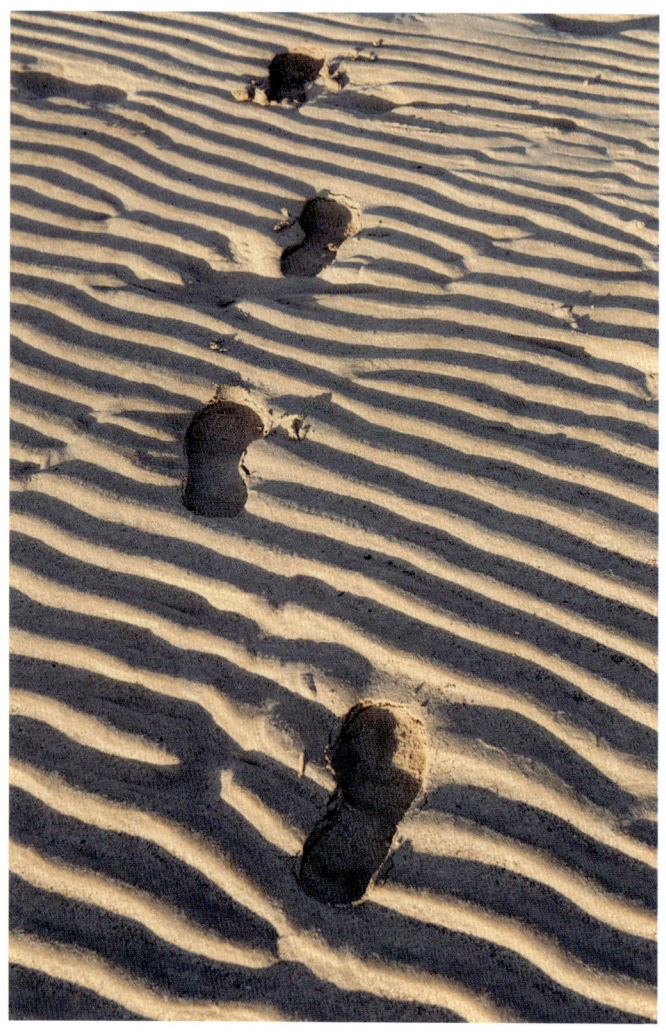

굴곡진 인생길
홀로이 가시는가
날 저문 황혼빛 스며드는데
머물 곳 찾거든
쉬어도 가시구려

일편단심

절세가인 환생

충신의 넋으로
홀로이 고고히

출산

작은 몸 안에
우주를 품었다가

마침내 내어놓는
기적 하나

Bubble Earth

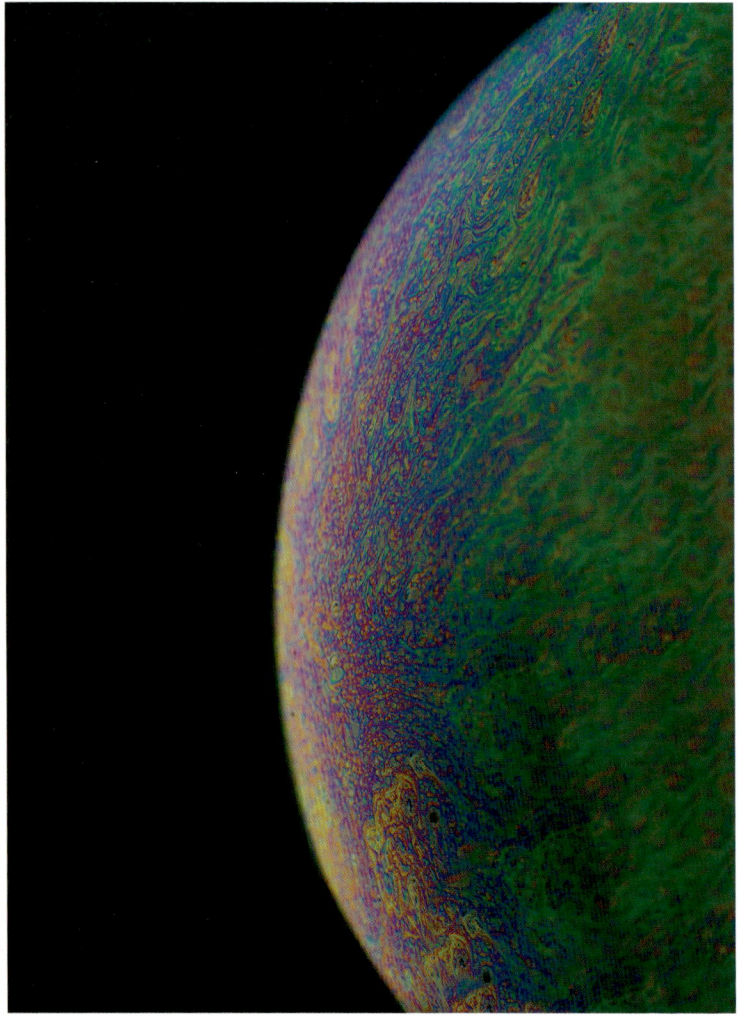

무지개 빛깔 품고
생물처럼 꿈틀대던
비누거품 한 방울

천지창조 재현처럼
지구 하나 만들었다

부부

똑같은 잔에
나란히

내용물은
녹차와 홍차

속마음

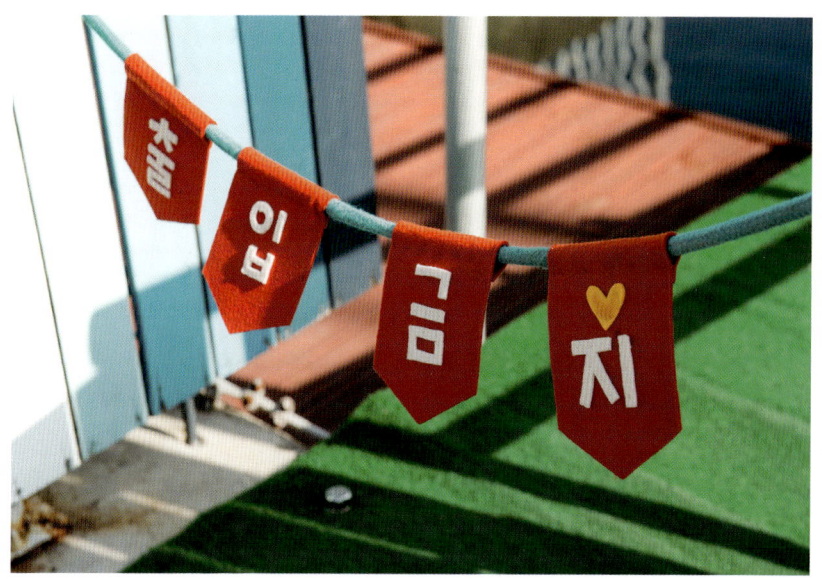

단장하고
기다리고 있으니
넘어와 주오

모성

힘 내
나 여기에
있어

번민

복잡한 일 걷어내고
엉킨 관계 잘라내고
정리하며 살 나이도 되었는데
오늘도
생각만이 무성하다

저 높은 곳을 향하여

어두운 곳도 두려움 없이
험한 곳도 기꺼이

날마다
더욱더 가까이

추억 우체국

학창시절 눈 큰 짝꿍
입사시험 합격통지
첫 아이 걸음마

그가 낚고 있는 것은
젊은 날의 추억

만남

네 속에 나 있고
내 눈엔 너만 보여

귀한 인연인데
오래오래 함께하자

노아의 방주

하늘이 내려와
오염된 세상 순백으로 덮고
생명체 하나 남겨 놓았다

순결한 새 세상이 열렸다

일탈

막아서지 못하고
말없이 기다린다
스스로 돌아서기를

실족해서 더 깊이
빠져들까봐

중년 진입로

열정과 냉정 사이
마음의 길목에
검은 머리 희끗희끗
시간의 갈림길에
수줍은 가을이 마중 나왔다

고난

갇힐 수 없다

주저앉지 않으면
지나가는 어둠인 것을

고난·2

삭풍도 지나간다
한설도 지나간다

비탈에 세운 몸
세월을 잊었다

마로니에 열매

진품 속에
유사품 감쪽같이

그래도
전문가는 안다

보상

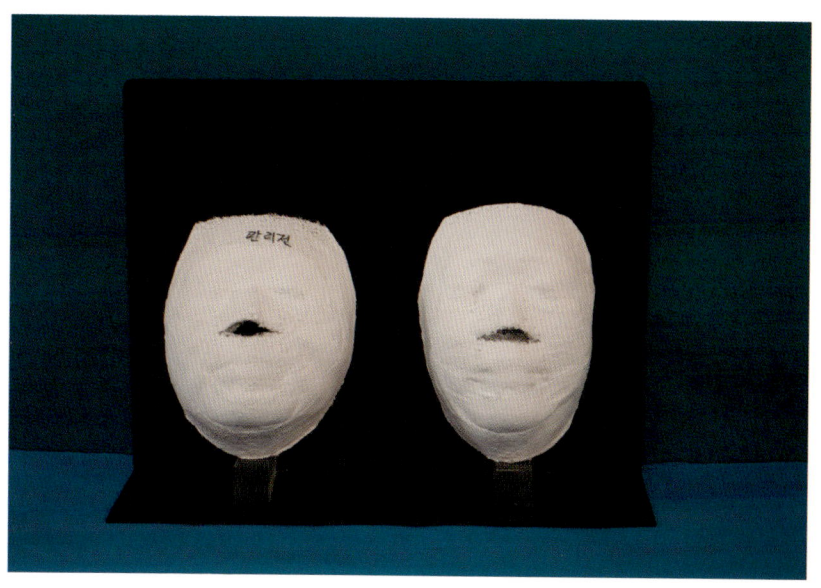

네, 같은 사람 맞습니다
오랫동안
공을 많이 들였어요

폭염 땡볕

불길보다 무섭다

피신하자

인생

풍파 감춘 아름다운 세상이다

갈 길이 구만리이다

고생길 시작이다

2부
상봉

외사랑

조금만 다가가도
그대는 어느새

문제아

태내胎內도
가정도
병들고 뒤틀렸다

뛰쳐 나갈 수 밖에

기다림

사랑의
또 다른 이름

어머니

눈시울 감추고
신음소리 삼키고
목석으로 평생

그녀는
남몰래 슬펐다

본향

하룻길 여정 위로하시며
양지 되어 인도하시니
온기 있는 나의 집
당신 손 잡고 들어가리다

봄처녀

수목원 온 세상을
봄으로 채웠으니
이제는 내 차례

상봉

드디어 만났다
길을 잃고 헤매던
어린 자식들
몸과 맘 상했어도
찾았으니 되었다

여름꽃

태양 품은 노란 옷
끝내 버거워
속의 몸 드러내며
벗고 또 벗는다

이름도 루드…베키아

별세

한 세상 잘 살았소
함께라서 행복했소
가는 길도 외롭지 않겠구려

마지막 잎새

굳어지고 상한 몸
속절없이 스러질 목숨 하나
온 맘 다해 하는 말

삶은 소중한 거야

빈자리

미동에도 떠나버린
야속한 그대

무심한 객만이
머물고 있는가

백조의 독백

'떠나기 싫어
너도 사라지지마'

자신을 사랑한
외로운 백조

망부석을 닮았다

애상

핏빛 아직
가시지도 않았는데

그리 급히 돌아가면
어찌하란 말이냐

추억 소환

함께 하던 친구도
찾아다 주오
지나간 청춘도
데려와 주오
추억은 있는데 쓸쓸하구려

체면

얼굴 하나 감추고
온몸이 풀렸다

얼굴 하나 잘 보이려
온몸 굳어 살아서지

합일合一

너와 내가 만나
우리가 되고

우리는 하나 되어
등불이 되자

따스한 사랑 지필 수 있도록

치유

심인성 질병
산더미 같은 약봉지 버리고
진짜 산에서 만난 친구

에덴동산은 지금도 있다

황천 이정표

여기부터 지하 세상
이리로는 오지 마오
천상도 있다오

졸혼卒婚

짝으로 오랜 세월
몸 고생 마음 고생

이젠
옆이 아닌 먼 발치

응원

진짜 팬은 따로 있다

조용히 남몰래

파이팅!

3부
개화

내 사랑 선샤인

너도 꽃처럼 아름답구나
햇살을 만났기 때문이지
나도 꽃처럼 예뻐졌어
그를 만났기 때문이지

공평한 은혜

너도 가을이구나!

상흔

정착하지 못하고
평생을 들락날락

떠돌이 사랑을
품은 가슴은
상처투성이이다

친목 공동체

끼리끼리 모여서
자기 자리 찾아서
어울렁 더울렁
행복한 어울림

별리別離

낙엽 지던 가을날
홀연히 떠난 사람

배웅하던 낙엽은
그 마음 알려는지

열린 문으로

그 마음에도 문이 있어
열 수 있으면 좋겠다
들어갈 수 있으면
더욱 좋겠다

미련

마음 한 편
열어놓았다

무심한 세월만이
끊임없이 다녀간다

가족

"햇빛을 잘 쐬자
그래야 건강하단다"

네 식구는 지금
일광욕 중

가족·2

얽히고 설켜
상처내고 부서져도

부둥켜안고
잘만 살아간다

개화開花

하나님이 가라사대
빛이여 있으라

그가 이르시되
곱게 피어나라

존재 가치

너도 꽃이다

그대로 최고다

오래된 연인

여자는 맛집 검색 중

남자는 돌아갈 궁리 중

배려

아닌 척
무심한 척

그래도 그 맘 안다
너도 더운 게지

정화

사망 권세 출렁이던
죽음의 덫에
밤새 이루어진 위대한 세례

가을 산책

햇빛도 좋다
단풍도 좋다
사람도 좋다

나도 걷고 싶다

파수꾼

오가는 이 없어도
봐주는 이 없어도
그 자리 그 모습

새벽을 지키는 너 있는 줄
이제서야 알았구나

자기성찰

타인에게 향했던 눈
내 발치로 돌리고
먼지투성이 자취
들여다보기

사랑

심장 한가운데 우뚝
그대 들여놓고
낮은 몸 되어
임 향해 타오르니
온기 가득 아름다운 불꽃밭

상흔 6·25

가두고 끊어도
사라질 수 없는 역사
차라리 처연하게
기억하고 기억하라

호기심

좋은 제 집 두고
어둔 세상 엿본다

저러다 삐딱하니
다른 길로 빠질라

4부
세대차이

설화

붉은 설움
백설로 삭이고
한파 속에 피는 꽃
너는 강인한데

고운 네가 나는 슬프다

위드 가디언

그대 많이 힘들었소
그대 오래 견디었소
이 가을엔 슬프지 마오

유배

갈 수 없는 고향을
잊을 수도 없는
극한 형벌

너무 먼 그대

목을 길게 늘여도
온 몸을 다하여도

닿을 수 없고
볼 수도 없는

나의 님이여

너의 말이 들리는 듯

동그마니 앉아서
카메라 든 나에게
걸어오는 말

'나도 좀 봐 주세요'

천성을 향하여

오늘의 골고다
나의 십자가

날마다 더욱 더 가까이

발걸음 인도하사

쉬어도 보고
거꾸로도 가 보고
여기저기 헤맸어도

나는 지금 이렇게

대물림

살다 보면
궂은 날도 있겠지만
변함없이 잘 살기를

너희들도 우리처럼

홀로움

오르기 힘든 길
혼자 가면 편하오?
내리막도 있을텐데
외롭지 않겠소?

가을 해바라기

외사랑 황금빛 열정
알알이 가슴팍에 박아두고
끝내는 검게 타
고개 숙인 영혼

단풍 절정

잘 오셨어요
여기는
불타는 마을
가을 4번지입니다

미녀와 야수

황폐한 마음 안에
사랑 하나 들어왔다

몸과 맘 옥토로
변신 중이다

모임제한

우리도
넷 까지 모임 가능
선량한 주인처럼

기다림·2

종일을 기다려도
지나가는 인적들만

불경기나 지나가지

천성

갈수록 도드라지는
이놈의 성질

세월 속에
묻힐 만도 하건만

불통不通

다름도 인정
마인드도 오픈
그래도 안 되는 게 있다

찐 고구마 열 개를
물 없이 먹고 말지

弃休

낮추고
멈추니
보이는 것들

마음에게
쉬어 가란다

세대차이

할머니는
니은

손녀는
엘

은혜

나무에 달리신 이
한 조각 빛으로 보이심은
그 사랑의 확증

오늘의 인리(INRI), 나의 구주

Shall we dance

돌고 돌아라 슬픔이 기쁨으로
돌고 돌아라 고통이 환희로

돌고 돌아 끝과 끝이 맞닿아
행복 하나로 연결되어라

창연디카시선 012

찬란한 오후

2022년 9월 30일 발행

지 은 이 | 변지원
편　　집 | 이소정
펴 낸 이 | 임창연
펴 낸 곳 | 창연출판사
주　　소 | 경남 창원시 의창구 의안로 49번길 23
출판등록 | 2013년 11월 26일 제2013-000029호
전　　화 | (055) 296-2030
팩　　스 | (055) 246-2030
E-mail | 7calltaxi@hanmail.net

값 12,000원
ISBN 979-11-91751-23-9　03810

ⓒ 변지원, 2022

* 이 책의 판권은 저자와 창연출판사에 있습니다.
* 양측의 서면 동의 없이 무단 전재나 복제를 금합니다.